Lectio, Quaestio, Disputatio.

Psicoanálisis 3

Carlos Márquez

Carlos Márquez

Carlos Márquez

Genealogía

Tomaré tres elementos del texto de Michel Foucault "Nietzsche la Genealogía y la historia". La genealogía era la manera de algunos filósofos de referirse a un modo de preguntarse por el origen de las cosas. Buscar desde dónde había partido una práctica o una virtud. Nietzsche, en respuesta a esto, titula uno de sus libros "La Genealogía de la Moral", ahí comienza criticando la posición de Paul Ree que ve en la utilidad el origen de la moral, lao cual era una de las maneras habituales de pensar en el siglo XIX, la idea de que el concepto de bien viene de lo que es útil a la sociedad o al individuo. Esta idea fue profundamente subversiva y contribuyó a la relativización de los universales que comenzó a masificarse luego de la segunda guerra mundial.

Nietzsche va en contra del utilitarismo, dándole a la genealogía un sentido totalmente diferente. La genealogía no sería encontrar el origen, sino "percibir la singularidad de los sucesos fuera de toda finalidad monótona" (FOCAULT, 2018). Esto es lo que hacía Foucault. Se iba al desarrollo del castigo y de la pena y escribe "Vigilar y Castigar"; se va a cómo cambió la medicina a comienzos del siglo XIX y es despliega "El nacimiento de la clínica"; Se va a cómo aparece la noción de loco, desde de los barcos que navegaban por el Sena repletos de toda clase de gente que estorbaba en la sociedad hasta cómo se van constituyendo los dispositivos psiquiátricos, los sanatorios, y cómo se empieza a clasificar esta nueva clase de "enfermedad" y produce "La Historia de la Locura".

Nos detendremos entonces en la oposición que hace Foucault, leyendo a Nietzsche, entre el origen por una parte y la procedencia y la emergencia por la otra. La consigna que él propone, su camino, consiste en hacer un esfuerzo por ir a contrapelo de la tendencia a encontrar un sentido y un origen, para ir a buscar la fuente o procedencia y la emergencia de los fenómenos. Estos consisten en puntos en los cuales no hay una continuidad y un punto de vista desde el cual se pueda captar cómo de una lenta evolución aparece una nueva idea, sino que son puntos de ruptura, de discontinuidad; en suma, volver a la pequeñez de la que emergen las cosas. Por ejemplo, en el momento freudiano, cuando Freud decide dejar de hipnotizar. No lo hace de un solo golpe como un momento de inspiración genial. Comienza escuchando a Breuer sobre el deshollinamiento y la *talking cure* de Ana O. Escucha los chistes que cuentan sus compañeros y colegas en los pasillos de La Salpêtrière. Mantiene la mano en la frente durante un tiempo. No hay origen glorioso, está el cambio de una práctica, cómo emerge lo que hacemos hoy, si es que es eso lo que hacemos hoy.

Para nosotros los psicoanalistas, se trata de una disciplina que tiene más de cien años y que por lo menos en la época de Freud sufre dos grandes rupturas internas, propiciadas por el mismo Freud. Luego a partir de los años 50, por lo menos dos grandes rupturas más causados por la enseñanza de Lacan.

Miller, que está formado en historia de las ideas, trata de articula esas discontinuidades, contra la idea de que hay un origen y un desarrollo. Es desde allí que se puede captar qué de lo anterior hace obstáculo y qué se abre al porvenir, a lo nuevo.

Allí donde el texto falla, ahí puede dar uno un paso. Estamos conminados a hacerlo con cada paciente. No leemos al Hombre de los Lobos o al Hombre de las Ratas para tratar a todos los hombres como si fueran de las ratas o de los lobos. Por el contrario, sometemos a presión al texto y a ese texto que es uno mismo para llevar esto un poco más allá cada vez.

Entonces, las nociones de emergencia y procedencia permiten separarse de la actitud religiosa de buscar un sentido y un orden en el desarrollo de la disciplina. El tercer elemento que podemos tomar, Nietzsche la llama "nuance" es una palabra francesa que significa claroscuro, matiz. Los comentaristas de Nietzsche no saben muy bien dónde se ubica él. En un mismo aforismo puede comenzar con una posición y diez líneas después terminar con la posición opuesta. Esto no es casual, es una toma de posición en relación con el saber, él trata de captar los "nuances". Las diferentes posiciones que se pueden asumir sobre un determinado tema, las múltiples perspectivas. No se trata de agotar democráticamente las posiciones que pueden tenerse entre varios y con las cuales construiríamos un consenso. Sino captarme en la división, pudiendo tener diferentes perspectivas sobre un determinado tópico en un momento determinado. Esto enriquece el trabajo, lo mejora. Puede tener efectos en la escucha analítica. Poder captar los tonos, las tonalidades con las que puede decirse algo en un momento determinado. Una ironía que el sujeto no capta, y que es una "nuance" de lo que está diciendo o un chiste que más que un chiste es un ataque feroz contra sí mismo.

La *nuance* puede ser una escucha clínica de los efectos del texto cuando hacemos su lectura. Así también se forma la escucha.

Entonces, cuando decimos a alguien "diga lo que se le ocurra", eso se inventó, emergió en algún momento, tiene una procedencia. Y eso tendemos a olvidarlo, y eso constituye una *hamartia*, un error trágico del psicoanalista. Por ese camino puede terminar creyendo que lo que hace es una profesión o una vocación.

Exploraremos la emergencia de la universidad como dispositivo, porque se fragua en la organización de modos de lectura. La idea es que captemos allí las diferencias y las reemergencias de nuestros modos de leer propios de la formación psicoanalítica.

La cuestión es captar cómo en la emergencia del discurso universitario, hay un destello de lo que es la libertad de la palabra, a partir de una radicalización de la práctica de la lectura.

La emergencia de la universidad

"Lección", "cuestión" y, una muy sospechosa "disputación" [1], son términos que no nos dan una idea exacta de lo que sucedía en el origen y los primeros tiempos de las universidades. Porque, por curioso que pueda parecernos hoy, estas tres palabras están en el origen de las universidades, en eso que llamamos la Edad Media. Estas tres categorías latinas nos hablan de un procedimiento, de un método. Es el método escolástico.

El término "escolasticismo" se aplica desde el Renacimiento a la filosofía y teología desarrolladas a lo largo de la Edad Media (MARTÍNEZ & CORTÉS MORATÓ, 1992, págs. Escolástica, escolasticismo). La Edad Media se desarrolla entre la caída del Imperio Romano a finales del siglo V y la toma de Constantinopla por los turcos a mediados del siglo XV. Un lapso nada desdeñable de casi mil años.

Considerando que la toma de Constantinopla ocurrió en 1453, por lo tanto el límite de la llamada Edad Media pertenece a la actualidad de los sujetos del Renacimiento. Este acontecimiento, que les sirve para trazar un corte entre su actualidad y el pasado, se ubica aproximadamente un siglo después de haber comenzado el llamado Renacimiento de las artes y las letras antiguas, el erigirse del gusto por lo "clásico", es decir por el mundo griego como ideal (MARTÍNEZ & CORTÉS MORATÓ, 1992, pág. Renacimiento).

---

[1] Según el DRAE, Disputación es la forma castellana antigua para la palabra "Disputa", la cual es sinónimo de "Debate"

Nos llega así una apreciación de esta "Edad Media" como lo que se encuentra en minoría con respecto a la luz; lo oscuro, la ignorancia que no quiere saber nada acerca de un saber perdido y clásico. Esta apreciación es la que aprovechará la ilustración, doscientos años más tarde, para construir el término "oscurantismo" como lo que se opone, esta vez, a la luz de la razón (MARTÍNEZ & CORTÉS MORATÓ, 1992, pág. Ilustración). El siglo XX tuvo sin embargo un redescubrir de la Edad Media que relativizó su apreciación como una época oscura que se opuso a la luz de la razón.

Esos casi mil años no constituyen una contemporaneidad absoluta con la llamada filosofía escolástica. Esta surge en el desarrollo de las escuelas durante el siglo XII y alcanza su máximo esplendor durante el siglo XIII, la época de la fundación de las universidades. Estudiar esta emergencia de un nuevo discurso, o por lo menos su objetivación fenoménica en prácticas e instituciones nuevas puede proporcionarnos datos acerca de las *nuances* que hay que captar en un proceso equivalente en el siglo XX con la emergencia del discurso psicoanalítico.

Para Etienne Gilson, uno de los principales pensadores a quienes les debemos ese redescubrir la Edad Media, el término "Universidad" puede producir equívocos si se aplica indistintamente a los cuerpos organizados que surgieron entre los siglos XII y XIII y las instituciones a las cuales les asignamos ese nombre en la actualidad. No se trataba de una organización que incluyera las facultades donde se impartían enseñanzas más o menos especializadas que, en su conjunto, aspiraban a agotar el cuerpo entero del saber *universal*, como ocurre hoy. Ha habido un desplazamiento del significado de *universitas*. Si en la actualidad se pone el acento en esta pretendida totalidad del saber universal, en sus inicios designaba la comunidad participante en la enseñanza, no a un lugar determinado. (GILSON, 1958, págs. T2-25)

La expresión *universitas* estaba referida a la procedencia de los miembros de la comunidad. Como venían de todas partes, su procedencia era universal. Así, cuando en un centro de estudios podían ser admitidos estudiantes de procedencias distintas, se le otorgaba el adjetivo de *universale*. Cuando sólo se admitían estudiantes de la misma provincia se les denominaba *studium particulare.* Si bien la primera universidad en convertirse en una entidad organizada, corporativa, según la usanza de la época, fue la de Bolonia, es la Universidad de París la que se hizo más célebre desde el momento de su fundación, cuando fueron organizadas, según estatutos dictados por la jerarquía eclesiástica, las comunidades que ya se reunían en las islas del río Sena y otras localidades de París. (GILSON, 1958, págs. T2-25)

Había en el comienzo una tensión entre dos tendencias que se enfrentaron y coexistieron durante todo el período, "...de las cuales una trataba de convertir a la universidad en un centro de estudios puramente científicos y desinteresados, mientras que la otra intentaba subordinar dichos estudios a fines religiosos, poniéndolos al servicio de una verdadera teocracia intelectual" (GILSON, 1958, págs. T2-27). Sin embargo, aunque estas discusiones de carácter político sobre los fines de la organización podían llegar a ejercer efectos de censura sobre los contenidos discutidos en las investigaciones que servían de soporte a la enseñanza, parecía haber ciertos acuerdos fundamentales sobre el modelo y sobre los métodos escolásticos como tales.

Es la protección del papa y del rey lo que paradójicamente, no sin tensiones, le confería libertad a la palabra que se profería desde ese lugar de enunciación. Es allí donde comienzan a forjarse nociones que serán para nosotros moneda común en la vida universitaria, como la libertad de cátedra.

El término "escolástica" se refiere a la enseñanza, aprendizaje y discusión en las escuelas palatinas y catedralicias del occidente europeo que luego se convirtieron en universidades. Actualmente, desde el lente retrospectivo de la ilustración, el término "escolasticismo" se refiere peyorativamente al exceso de formalismo o a un estudio que se opone a la ciencia y a la razón. Pero también se aplica el término "escolástico" a todos aquellos que utilizan el método desarrollado en esas escuelas. Este método no sólo se aplicaba al estudio de la Biblia y los textos de los Padres de la Iglesia, sino también al estudio de las artes liberales. (MARTÍNEZ & CORTÉS MORATÓ, 1992, págs. Escolástica, escolasticismo)

Las llamadas artes liberales o artes seculares, como prefería llamarlas San Agustín (MARTÍNEZ & CORTÉS MORATÓ, 1992, pág. Artes liberales), están ordenadas en dos conjuntos: el *trivium* que contiene la gramática, la retórica y la dialéctica; y el *cuadrivium* que comprende la geometría, la aritmética, la astronomía y la música. Esta distribución del saber que debían aprender los hombres libres – de ahí el adjetivo de "liberal"- es propia de la tardía Antigüedad y comienzos de la Edad Media[2].

Estas artes liberales, dentro del marco de una carrera típica de los estudiantes de las universidades medievales, constituían el primer escalón; "...era necesario por lo menos, haber estudiado durante seis años y tener veintiuno de edad..." para enseñarlas (GILSON, 1958, págs. T2-33). Dependiendo de la universidad o incluso del momento histórico, se hacía más énfasis en la enseñanza del *trivium* o del *cuadrivium*. En la Universidad de Oxford, por ejemplo, la cual no gozó de las ventajas, ni sufrió los inconvenientes, de las relaciones estrechas que mantenía la Universidad de Paris con el papado, se hizo más énfasis en la formación en el *cuadrivium* y en la combinación de la teología con las matemáticas y las ciencias positivas en materia de filosofía. (GILSON, 1958, págs. T2-32)

La carrera proseguía, y para hacerse Maestro y Doctor en Teología había que concluir con el estudio de tres bachilleratos – bíblico, sentenciario y formado – y la licenciatura en Teología. El trabajo de los escolásticos se realizaba, pues, en torno a las artes liberales, la filosofía y la teología, que era la meta más elevada de la formación en las escuelas.

El centro de la cuestión estaba en el encuentro u oposición de *auctoritas* y *ratio*. Por "autoridad" no sólo se comprende el ejercicio de un poder independientemente del origen de su legitimidad, aunque las instituciones del Papado y la Monarquía estuviesen constantemente favoreciendo o interfiriendo en la producción de las escuelas. La autoridad que se opone o se

---

[2] El sentido actual del término "arte", más ligado a la creación de belleza (bellas artes), no es exactamente el mismo, como vemos, del que se daba entonces a este ordenamiento simbólico del saber, más ligado al sentido actual de la palabra "técnica" (Ibíd.)

expone – en todo caso que sirve de límite – a la razón en la escolástica, es la de los textos sagrados, comprendidos en primer lugar por la Biblia y luego por la tradición de los textos legados por los Padres de la Iglesia. En principio, y siguiendo a San Agustín, se trata de "la fe que busca comprender". Se trata, pues, de poner a la razón al servicio de comprender los textos legados por la tradición y depositarios de autoridad. (MARTÍNEZ & CORTÉS MORATÓ, 1992, págs. Escolástica, escolasticismo).

La noción de "autor" es un acento que se pone al texto y no a la persona que lo ha escrito, pues se trata del texto autorizado, que tiene autoridad. La enseñanza en estos centros giraba no alrededor de la persona del profesor ni de la persona de quien escribía libros. Es decir que la noción moderna de autor sencillamente no existía, sino del texto como tal, en tanto es un dispositivo dotado de autoridad por sí mismo.

Este no es un esfuerzo iniciado con San Agustín hacia el siglo VI; antes bien y siguiendo a Gilson, es característico de toda la historia del Cristianismo desde que San Juan iniciara su Evangelio, a fines del siglo I, identificando al Cristo crucificado con la palabra griega Logos. El acontecimiento para cuyo esclarecimiento ha de servir la razón, a fin de comprender hasta donde sea posible al débil entendimiento humano, es la resurrección del Cristo[3]. "Subordinado a la fe, el conocimiento natural no queda excluido... [de modo que] San Pablo, desde ahora impondrá a todo filósofo cristiano el deber de admitir que

---

[3] Según Alain Badiou, la resurrección del Cristo, precedido por su encarnación y crucifixión, es también el acontecimiento fabulado o real sobre el cual el primer teólogo del Cristianismo, San Pablo, fundamentó su apostolado (BADIOU, 2000, pág. 87)

es posible para la razón humana adquirir un cierto conocimiento de Dios a partir del mundo exterior..." (GILSON, 1958, págs. T1-14,15). Esta es la herencia recibida por la filosofía escolástica. La de una razón limitada por la autoridad del texto, al servicio de algo que le es exterior.

Examinando el método en sí mismo encontramos algunos matices interesantes. Los dispositivos fundamentales son la *lectio* y la *disputatio*. La *lectio* o lección, constituye una *lectura de textos* dependiendo de la materia que se quiere enseñar, de modo que:

"En las facultades de derecho los textos leídos eran los decretos imperiales, el Decreto de Graciano, las decretales, etc.; en las facultades de medicina se leían sobre todo textos de Avicena y Averroes y textos antiguos; en las facultades de artes, convertidas en el s. XIII en facultades de filosofía, se leyeron y comentaron de forma creciente textos de las obras lógicas y físicas de Aristóteles; en las facultades de teología, los textos procedían de la Biblia, de obras de los Padres de la Iglesia y de las colecciones de sentencias llamadas Libros de las sentencias" (MARTÍNEZ & CORTÉS MORATÓ, 1992, págs. Escolástica, escolasticismo)

El método escolástico estaba tan ceñido a la autoridad de los textos, que prácticamente todo lo que se producía intelectualmente en el marco de estas escuelas, aparecía bajo la forma de glosas o comentarios. Estos versaban primordialmente, en lo que a teología se refiere, sobre los Cuatro Libros de Sentencias de Pedro Lombardo, quien en el siglo XII reunió y sistematizó los escritos de los Padres de la

Iglesia en cuatro temas: la Trinidad, la creación, la encarnación y el Espíritu Santo y los Sacramentos (MARTÍNEZ & CORTÉS MORATÓ, 1992, pág. Pedro Lombardo). Esta obra constituyó el eje fundamental sobre el que se desarrollaron las enseñanzas en las facultades de Teología.

¿No vemos en la dinámica de una libertad de la palabra ceñida al texto que se lee, al servicio de una exterioridad de esa misma palabra, un destello de lo que va a ser el trabajo del analizante en el dispositivo psicoanalítico? Al mismo, ¿No vemos en este empeño que de allí se deriva aquello que es lo peor de lo cual tenemos que estarnos cuidando los psicoanalistas todo el tiempo, matando lo vivo de una experiencia sometiéndolo a la camisa de fuerza de tiempo este empeño procedimental?

De la *lectio* se seguían las Glosas o comentarios, que tenían la función de apoyar o refutar los argumentos expuestos. Luego, en relación con la escritura, aparecieron las Sentencias y, por último, en el apogeo del método durante el siglo XIII, las Sumas.

El segundo dispositivo de enseñanza, y que aparece muy ligado históricamente al primero, es la llamada *Disputatio*. Consistía en una discusión pública de cuestiones controversiales según dos modelos. En primer lugar las *quaestiones disputataes*, basadas en las discusiones ordinarias que mantenían los maestros de las escuelas, y que se realizaban varias veces a la semana. En segundo lugar las *quaestiones quodlibetales*, que eran más importantes y estaban destinadas a los aspirantes a licenciarse en teología. Estas últimas se realizaban dos veces al año, antes de Navidad y de Pascua. Mientras las primeras se referían a temas fijados y determinados por los problemas de los que se ocupaban habitualmente los profesores de teología, la temática de las segundas era libre, dentro del marco de los textos habituales. (MARTÍNEZ & CORTÉS MORATÓ, 1992, pág. Método escolástico)

El Diccionario Filosófico de Ferrater Mora añade algunas consideraciones que nos serán de utilidad. En el artículo "Disputación" (FERRATER MORA, 1979, pág. 848) aparecen las palabras latinas que hemos encontrado ya en el DFH, ampliadas y expresadas en el orden histórico según el cual fueron convirtiéndose en dispositivos de enseñanza y producción de escritos durante los siglos XII y XIII. Acerca de la *lectio* aprendemos que, en un principio, constituía una lectura de los textos que pretendía ser desinteresada, "literal y neutral". Posteriormente y debido a la equivocidad del lenguaje y a las dificultades que produce al entendimiento, fue necesario incorporar la *meditatio.* Hay que recordar que es esta experiencia la que nos va dando la idea del signo de puntuación, la idea de una preedición del texto para fijar su sentido, y que entonces antes de la producción de estos dispositivos la interpretación estaba más sujeta a las leyes de la asociación significante.

Al parecer la meditación acerca de lo leído fue suficiente mientras estaba referida a un único autor. Pero, en cuanto el conjunto de autores aceptados para la lectura fue ampliándose, hubo que intentar hacer explicaciones mediante glosas o comentarios. Estos se clasificaron en dos tipos: los comentarios interlineales y los marginales. Los primeros eran más fieles al texto que los del segundo tipo. Estos intentos de explicación reorganizaron el texto en tres niveles.

A la *lectio* comentada se le superpuso la explicación de las frases (*litterae*), y una interpretación del texto que se acreditaba como la verdadera, la llamada sentencia. Al conjunto que conforman las lecciones, explicaciones de frases y las sentencias se le llama la *expositio*. Estas sentencias a su vez, como es lógico, tendían a ser diversas según los comentarios se iban acumulando en las exposiciones. Debido a esta diversidad surgen las *quaestio*, que consistirán en una nueva reorganización del texto, la cual no anula la *expositio*, sino que subsiste como género independiente. A la profusión de interpretaciones que se deriva de las diversidades de lectura, sigue lógicamente la interrogación y la contraposición.

Como ya vimos, las *quaestiones* se organizaban, en un primer tipo – las *quaestiones disputataes* – si correspondían a las discusiones ordinarias de los maestros en la enseñanza habitual. Y en un segundo tipo, con temas de elección libre y que se realizaba dos veces al año, las *quaestiones quodlibetales*. Esta distinción es lo que Ferrater Mora nos presenta como un tercer género "todavía más independiente", llamado *disputatio* y en el cual las *quaestiones* podían ser orales o escritas, o incluso ser establecidas textualmente luego de desarrollarse en forma oral.

El despliegue del método escolástico nos muestra que su principio general consiste en estar fundamentado en la "reverencia y fidelidad a un texto" (MARTÍNEZ & CORTÉS MORATÓ, 1992, pág. Método escolástico). Y el contexto en el que surgió lo abrocha estructural e históricamente a las universidades.

Gilsón nos dice que "Los dos métodos principales de enseñanza en todas las universidades de la Edad Media eran la lección y la discusión..." (1958, págs. T2-33). Esto nos plantea la pregunta de si en realidad se trata de *un* método como lo expone el DFH, o si son varios. Y a su vez nos aclara la tentativa de Ferrater Mora de plantearse la existencia de "géneros" en esta materia. En todo caso, la cita de Gilson nos pone frente a la diversidad ordenada, a la multiplicidad organizada de modos, de vías, que existían en la escolástica, referidas a la enseñanza y la investigación de los temas.

Con una simplicidad profundamente esclarecedora, Gilson nos explica que "la lección... consistía en una lectura y explicación de cierto texto [mientras que] La disputa era una especie de certamen dialéctico que se desarrollaba bajo la presidencia o responsabilidad de uno o varios maestros" (GILSON, 1958, págs. T2-34). Pero nos deja entrever además lo siguiente: "De la *lección* así entendida han salido los innumerables comentarios de toda clase que nos ha dejado la Edad Media, y en los que un pensamiento, con frecuencia original, quedaba disimulado bajo la apariencia de una simple explicación de textos..." (GILSON, 1958, págs. T2-34).

En esta cita encontramos una apertura a la cuestión del autor, la autoría y la autoridad. Porque, si tomamos el ejemplo de la *Suma Teológica* de Santo Tomás de Aquino, "El monumento en el que el pensamiento medieval alcanza plena conciencia de sí mismo y encuentra su expresión más acabada..." (GILSON, 1958, págs. T2-34), el "autor" no equivale al mismo el mismo Doctor Angélico. Hipótesis que choca, desde luego, con nuestra moderna noción de lo que es un autor y de sus relaciones con lo escrito y el texto.

Cabe la pregunta ¿por qué es necesario disimular la originalidad de una idea en el marco de este discurso emergente? Hemos visto que se llamaba autor a un texto autorizado, al que se le suponía central en la enseñanza; en el caso de los estudiantes de teología el ejemplo paradigmático lo constituían la Biblia y Los Cuatro Libros de Sentencias de Pedro Lombardo. Al respecto, y a modo de respuesta provisional, encontramos lo siguiente en Ferrater Mora: "Tan pronto como se amplió el número de los *auctores* aceptados – "recibidos" – para la lectura, se acumularon las dificultades" (FERRATER MORA, 1979, pág. 848).

Como hemos visto los autores constituían el catálogo de los textos que iban a ser objeto de comentario y enseñanza. Los textos en sí mismos, en cuanto estaban autorizados. Pero hay una experiencia cáustica que la edad media encontró en relación con la libertad de la palabra. Conforme se va interpretando y articulando un discurso sobre los textos autorizados, se van produciendo fisuras, desacuerdos, desconcierto. Es un movimiento centrífugo que además el amo ha alentado. El llamado a la metodologización de la lectura está servido, no es pues el discurso del amo el que está llamado a poner orden en los resultados de esta experiencia.

Entonces, el centro de la producción intelectual en los siglos dominados por la filosofía medieval, de la cual no podemos olvidar que contenía los gérmenes de lo que iba a ser el desarrollo científico a partir de los últimos años del

Renacimiento, estaba orientado por la lectura y el comentario de los textos. Asimismo, esa situación ponía al menos bajo una perspectiva diferente la cuestión de la novedad y la invención, así como la de la autoría.

El pensamiento transcurría en el terreno de la lectura, la glosa y el comentario. La invención era accidental con respecto a otra finalidad importante, organizada por la emergencia de lo que se suponía oculto en el texto, aquello que el texto tenía la obligación de responder según las reglas de ese discurso, mientras que la autoría tenía reglas totalmente diferentes a las del derecho de autor.

Carlos Márquez

22

Apertura y cierre de una experiencia

En el momento en el que la Iglesia funda las universidades en el medioevo, organizando estándares y delineando las fronteras de los enunciados posibles en el comentario de los textos, el estándar se constituye en un saber expuesto. Se oculta la voluntad tanto del poder eclesiástico como del secular, ansiosos por regular la producción enunciativa de los sujetos que se sometían a la autoridad del texto. Aquí vemos el cuarto de vuelta que hace emerger el Saber desde su lugar supuesto al texto, constituyéndose el Discurso Universitario.

En la Disciplina del Comentario, el texto que realmente está comentando el sujeto es el de las formaciones del inconsciente que le emergen bajo la impronta de su actualidad. El sujeto del comentario es idéntico estructuralmente al sujeto del inconsciente en la posición de analizante. No es el mismo sujeto histérico de la voluntad de comprender propia de la hermenéutica, que se hace él mismo síntoma, expresión de la defensa frente al goce pulsional que esconde y con el que interroga al texto, tomado como Uno, en el lugar del Otro. Podemos decir también que el sujeto que comenta un texto, está siendo interpretado por él, lo que es muy distinto del proceso de comprender, donde el sujeto detenta la posición de agente y es quien interpreta al texto.

Para Gadamer tomado como ejemplo de la operación de la comprensión, por ejemplo, es importante la reintroducción del tema de la verdad en el análisis histórico de los textos. La impronta del discurso de la ciencia en la producción de saber sobre la historia desplazó el problema de la verdad al de la verificabilidad de un enunciado. El paso al frente que Gadamer nos brinda en relación con la verdad, encuentra en la versión del texto como Uno o como Todo y en la versión moderna del autor, un escollo.

Si el texto es Uno, la razón, al interpelarlo, no encontrará más que la producción incesante de saber, sin que este saber tenga, por razones estructurales, acceso a la verdad. Independientemente de que esa razón se sepa racionalmente sujeta de prejuicios, lo que consigue es hacerse más y más ilustrada, pero no sabe, ni quiere saber nada, de lo que realmente domina su proceder. El Discurso Histérico sostiene un simulacro de falta en el saber, porque realmente no le falta nada. Primero porque en el proceso de castrar al amo lo hace existir, exponiéndose a su propio goce masoquista. En segundo lugar, porque en su enunciado aparece, aunque sea como denegada, la esperanza en la emergencia futura de la completitud del saber, de la claridad, de la iluminación. Por el contrario, el comentario de textos tiene un efecto distinto. En primer lugar hay un esclarecimiento, se parte de una pregunta que de algún modo contiene la respuesta en su enunciación, pero tiene como horizonte la pérdida de sentido. Este efecto de pérdida de sentido es lo que podemos calibrar con la emergencia del saber supuesto a saber expuesto en ese acontecimiento que fue la emergencia de las universidades. EL discurso universitario es el testimonio de la fuerza disolvente del sentido que tiene el comentario de textos, abortado en el siglo XIII.

Podemos distinguir claramente, a partir de los discursos de Lacan, entre la forma de tratamiento del texto que hubo en un momento en las llamadas escuelas, en el tiempo lógico previo a la formación de las universidades y la hermenéutica comprensiva de Gadamer. Sobre todo en virtud de la noción de autor que se da en la modernidad, frente a la *auctoritas* medieval, la cual se refería directamente al texto que fungía como objeto precioso que convocaba al comentario.

Lo que está detrás de la voluntad de comprensión, es una ubicación histérica con relación al texto como Uno, suponiéndole un sentido unificado dado por un supuesto autor que habría que interpretar, al tiempo que realizar la crítica histórica de su sentido. La comprensión se puede distinguir del comentario de textos, además de por el uso del concepto de autor, por la ausencia de denuncia que caracteriza esta última disciplina, y por el tratamiento de objeto precioso que hace del texto, al que le supone un saber enigmático.

El objeto precioso ocupa el lugar del agente para un sujeto, de modo que lo que se produce tiene vetas de sinsentido. Porque el texto le causa al sujeto formaciones del inconsciente, como chistes, *lapsus* y olvidos, que son las que constituyen el comentario. Estas producciones serían equivalentes a las glosas y sentencias de la Edad Media, de no ser por la emergencia anticipada del discurso universitario, precisamente para controlar los efectos de liberación de la palabra que efectivamente se producen necesariamente al comentar un texto.

Esta posición significa saberse otro con respecto a un texto, ponerse a trabajar bajo la ley de la inconsistencia. El objeto "a" en el lugar del agente, en la forma de lectura que es la disciplina del comentario de textos, es la causa enigmática a la que se le supone un saber abierto por la hendidura de la verdad.

¿Se puede afirmar por ello que el discurso psicoanalítico es oscurantista? No, en tanto destella en la agudeza una producción de sinsentido, que ilumina un campo determinado. Produce los principios que rigen ese campo. No es una comprensión, sino una in-comprensión, una des-prensión. Un soltar. Un sospechar del significado porque el horizonte del significado siempre es relativo a las fantasías subjetivas o colectivas de satisfacción pulsional.

Comentamos un texto porque suponemos que puede decirnos algo, porque allí hay algo que se sabe, pero que no se dice todo. Nos sustentamos en la diferencia entre el enunciado y la enunciación. Pero además comentamos el texto porque buscamos su inconsistencia. Esta nos transmite por un instante la experiencia de nuestra propia falta en ser, metaforizada muchas veces como falta en saber. Causa nuestra división subjetiva y la producción de las glosas y sentencias que constituyen un comentario.

Por ello Lacan no promovió el discurso histérico para la lectura de textos, tan en boga en su momento con la hermenéutica. El discurso histérico es una pasión por el significado, por el sentido del propio goce. Por ello Lacan promovió una disciplina de la oscuridad futura, del efecto presente de castración. Porque comentar es desear y desear en psicoanálisis es un verbo que designa la decisión del sujeto de sostener simultáneamente tanto su falta como la del Otro. En el discurso histérico la falta que aparenta ser la del sujeto o la del amo, a quien se identifica, es de uno de los términos, en el comentario de textos la falta es simultánea o no hay comentario.

Al no darse el cuarto de vuelta que esclarece lo que hay realmente en la pasión de saber de la histeria, es decir el goce, produciéndose el Discurso del Analista, al menos se produce saber. Si el saber es sustituto de goce para el discurso histérico, la pregunta es ¿qué hace el comentario con el saber? Como se muestra en la lógica de los discursos lo pone en el lugar de la verdad incompleta a la que ningún significante puede acceder. Hay un primado del principio de abstinencia en relación con el saber. En cambio, *Si en el discurso del amo el saber es medio de goce, en el de la histeria la pérdida de goce es fundamento para saber más y más.*

Todo significante producido en virtud del comentario que hace el sujeto de su propia actualidad, en función de un texto, nunca podrá encadenarse con el saber del que se supone que partió. Por ello lo que produce Freud sorprende y desubica continuamente hasta a sus seguidores más cercanos. Lacan, por su parte, en su vuelta a Freud, se hace muchas veces incomprensible, des-prensible, in-soportable. Así sus textos, no Freud ni Lacan, son el verdadero objeto que causa la división del sujeto y su propia actualidad es puesta en cuestión.

Lo que se llama "saber" en psicoanálisis, se distancia del Conocimiento, que incluye entre sus connotaciones, como el término "comprensión", la realización de la relación sexual. La voluntad de comprender busca un conocimiento sobre el goce, mientras que el comentario de textos, produce la separación de un significante de la cadena en la que insiste.

Con Lacan hemos visto que el Saber tiene una función paradojal, pues a un tiempo es límite al goce y medio de goce. Este campo que es el Saber no nos lleva al sentido, no nos brinda una mayor comprensión. Lleva a la confusión (LACAN, 1992, pág. 13). Es lo que se articula como ejercicio del poder educativo en el Discurso Universitario. De este modo, la confusión es el producto del reverso del comprender.

Tanto la crítica textual, como la hermenéutica, están del lado del Discurso de la Histérica, pero sus estandarizaciones metodológicas revelan el impacto del Discurso Universitario. Esta expresión de un saber pleno que quiere prever el acontecimiento, también es común en el abordaje científico de los objetos.

En el ámbito de las Ciencias Humanas, la enseñanza de la metodología intenta estandarizar y especializar estos dos discursos que conviven en una dudosa paz. El Discurso de la Ciencia por una parte y el de la Histérica por la otra, discuten acerca de la introducción o no de lo más particular del sujeto en la interpretación, del exceso o el defecto de la matematización de las ciencias sociales.

El psicoanálisis recoge entonces esta gran tradición del comentario de textos vivificándola y apartándola de las derivas universitarias e histéricas de la relación con los textos. Soportando mejor la deriva procedimental que vio la emergencia del discurso universitario, para recoger los efectos de sinsentido que produce necesariamente la ruptura de la cadena significante. Dándole un lugar con nuevos dispositivos al producto de esta ruptura: La democratización de una singularidad, como tal vez no se había visto nunca en la historia de los seres hablantes.

Trabajos citados

BADIOU, A. (2000). *Reflexiones sobre nuestro tiempo.* Buenos Aires: del Cifrado.

FERRATER MORA, J. (1979). *Diccionario de Filosofía.* Madrid: Alianza.

FOCAULT, M. (05 de 2018). *Nietzsche, la genealogía, la historia.* Obtenido de pensament.cat: http://www.pensament.cat/filoxarxa/filoxarxa/pdf/Michel%20Foucault%20-%20Nietzschegenealogiahistoria.pdf

GILSON, E. (1958). *La Filosofía en la Edad Media, Tomos 1 y 2.* Madrid: Gredos.

LACAN, J. (1992). *El Seminario de Jaques Lacan, Libro 17: El Reverso del Psicoanálisis.* Barcelona: Paidós.

MARTÍNEZ, A., & CORTÉS MORATÓ, J. (1992). *Diccionario de Filosofía.* Barcelona: Herder.